Eu sou o monstro que vos fala

Paul B. Preciado

Eu sou o monstro que vos fala

Relatório para uma academia de psicanalistas

Tradução:
Carla Rodrigues

4ª reimpressão

Copyright © 2020 by Paul B. Preciado
Publicado mediante acordo com Casanovas & Lynch Literary Agency S.L.

Agradeço a Virginie Despentes pela leitura do texto e pelo apoio incondicional.

Grafia atualizada segundo o Acordo Ortográfico da Língua Portuguesa de 1990, que entrou em vigor no Brasil em 2009.

Título original
Je suis un monstre qui vous parle: Rapport pour une académie de psychanalystes

Capa
Celso Longo + Daniel Trench

Imagem de capa
Desalinho, 2019, de Guga Szabzon. Costura sobre papel, 29,2 × 23,5 cm

Preparação
Diogo Henriques

Revisão
Camila Saraiva
Luís Eduardo Gonçalves

Dados Internacionais de Catalogação na Publicação (CIP)
(Câmara Brasileira do Livro, SP, Brasil)

Preciado, Paul B.
    Eu sou o monstro que vos fala : Relatório para uma academia de psicanalistas / Paul B. Preciado ; tradução Carla Rodrigues. — 1ª ed. — Rio de Janeiro : Zahar, 2022.

    Título original: Je suis un monstre qui vous parle : Rapport pour une académie de psychanalystes.
    ISBN 978-65-5979-068-5

    1. Identidade de gênero 2. Psicanálise – Aspectos sociais I. Rodrigues, Carla. II. Título.

22-107777   CDD: 300

Índice para catálogo sistemático:
1. Identidade de gênero : Ciências sociais   300

Eliete Marques da Silva – Bibliotecária – CRB-8/9380

Todos os direitos desta edição reservados à
EDITORA SCHWARCZ S.A.
Praça Floriano, 19, sala 3001 — Cinelândia
20031-050 — Rio de Janeiro — RJ
Telefone: (21) 3993-7510
www.companhiadasletras.com.br
www.blogdacompanhia.com.br
facebook.com/editorazahar
instagram.com/editorazahar
twitter.com/editorazahar

Discurso de um homem trans, um corpo não binário, na Escola da Causa Freudiana em Paris

Para Judith Butler

Em 17 de novembro de 2019, fui convidado ao Palais des Congrès de Paris para falar aos 3500 psicanalistas ali reunidos durante as jornadas internacionais da Escola da Causa Freudiana sobre o tema "Mulheres na psicanálise". Meu discurso provocou um terremoto. Quando perguntei se havia na sala algum ou alguma psicanalista homossexual, trans ou de gênero não binário, fez-se um silêncio pesado, rompido apenas por algumas risadinhas nervosas. Quando pedi às instituições psicanalíticas que assumissem sua responsabilidade diante da atual transformação da epistemologia sexual e de gênero, metade da sala riu, enquanto outros reagiram com gritos ou me pedindo para sair. Uma mulher declarou, alto o suficiente para que eu pudesse ouvir da tribuna: "Não deveríamos permitir que ele falasse, ele é Hitler". A outra metade da sala a aplaudiu. Os organizadores me avisaram que eu havia estourado meu tempo; tentei me apressar, pulando alguns parágrafos, mas não consegui ler mais do que um quarto do discurso que havia preparado.

Nos dias seguintes à conferência, as associações psicanalíticas entraram em guerra. A Escola da Causa Freudiana se dividiu, as posições a favor ou contra se aguçaram. A palestra, filmada por dezenas de telefones celulares, foi publicada na internet; fragmentos da minha fala foram transcritos e depois traduzidos para o espanhol, italiano e inglês sem que ninguém me solicitasse o texto original, e veiculados na rede sem nenhum cuidado com a exatidão das palavras ou a qualidade das traduções. Foi assim que versões aproximadas do discurso circularam na Argentina, na Colômbia, na Alemanha, na Espanha e na França, por exemplo. A fim de ampliar o debate, quero hoje publicar o texto na íntegra, tal qual gostaria de tê-lo compartilhado com a assembleia de psicanalistas.

Caras senhoras e caros senhores da Escola da Causa Freudiana, e não sei se vale a pena aqui saudar igualmente todos aqueles que não são nem senhoras nem senhores, pois duvido que haja nesta sala quem tenha renunciado legal e publicamente à diferença sexual e tenha sido aceito como psicanalista de pleno direito depois de concluir com sucesso o processo que vocês chamam de "o passe", que os autoriza a se tornarem analistas. Falo aqui de um psicanalista trans, ou não binário. Se ele existir, gostaria de saudar esse querido mutante de maneira ainda mais calorosa.

Tenho a honra de me apresentar diante desta academia para lhes fazer um relato sobre a minha vida como homem trans.

Não sei se poderei fornecer dados que as senhoras e os senhores acadêmicos e psicanalistas já não conheçam de primeira mão, considerando que vivem, como eu, em um regime de diferença sexual. Assim, é muito provável que já tenham constatado por si próprios, de um lado ou de outro da fronteira entre os sexos, a quase totalidade do que lhes posso dizer. Embora provavelmente se considerem homens e mulheres naturais, tal suposição os impediu de observar, de uma distância saudável, o dispositivo político no qual estão inscritos. Perdoem-me se, no relato que lhes vou fazer, eu não tomar a masculinidade e a feminilidade como fatos naturais. Fiquem tranquilos, não peço que abdiquem de suas crenças — pois trata-se de crenças — para me ouvir. Apenas ouçam o que tenho a dizer e, depois, se puderem, voltem para suas vidas "naturalizadas".

A título de apresentação, e uma vez que estou diante de um grupo de 3500 psicanalistas e me sinto um pouco solitário neste lado do palco, permitam-me recorrer e me abrigar nos ombros do mestre de todas as metamorfoses, o melhor analista dos excessos que se escondem por trás da fachada da razão científica e da loucura que atende pelo nome comum de saúde mental: Franz Kafka.

Em 1917, Kafka escreveu "Um relatório para uma Academia". O texto é narrado por um macaco que, depois de aprender a linguagem dos humanos, se apresenta diante de uma academia das mais altas autoridades científicas para explicar o que a evolução humana representou para ele. O macaco, que diz se chamar Pedro Vermelho, conta como foi capturado em uma expedição de caça organizada pela firma Hagenbeck na Costa do Ouro, depois transportado para a Europa em um barco, levado a um circo animal, e como em seguida conseguiu tornar-se um homem. Pedro Vermelho explica que, para dominar a linguagem dos humanos e entrar na sociedade europeia de seu tempo, teve de esquecer sua vida de macaco. E que, para suportar esse esquecimento e a violência da sociedade dos homens, tornou-se alcoólatra. Todavia, o mais interessante no monólogo de Pedro Vermelho é que Kafka não apresenta seu processo de humanização como uma história de emancipação ou de libertação da sua condição de animal, mas como uma crítica ao humanismo colonial europeu e suas taxonomias antropológicas. Uma vez capturado, o macaco diz não ter tido escolha: se não quisesse morrer trancado numa jaula, teria de passar à "jaula" da subjetividade humana.

Da mesma forma que o macaco Pedro Vermelho se expressou diante dos cientistas, eu hoje me dirijo às senhoras e aos senhores, acadêmicos da psicanálise, a partir da minha "jaula" de homem trans. Eu, um corpo marcado pelo discurso médico e jurídico como "transexual", caracterizado na maior parte dos diagnósticos psicanalíticos como sujeito de uma "metamorfose impossível", situado, segundo a teoria prevalente, para além da neurose, na própria borda da psicose, incapaz, segundo vocês, de resolver corretamente um complexo de Édipo, ou tendo sucumbido à inveja do pênis. Pois bem, é a partir dessa posição de doente mental onde me recolocam que me dirijo às senhoras e aos senhores, como um macaco-humano de uma nova era. Eu sou o monstro que vos fala. O monstro que foi construído pelos seus discursos e práticas clínicas. Eu sou o monstro que se levanta do divã e toma a palavra, não tanto como paciente, mas como cidadão, como um igual monstruoso.

Eu, um corpo trans, um corpo não binário, a quem nem a medicina, nem o direito, nem a psicanálise, nem a psiquiatria reconhecem o direito de falar sobre minha própria condição na qualidade de especialista, ou de produzir um discurso ou uma forma de conhecimento sobre mim mesmo, aprendi, como Pedro Vermelho, a língua de Freud e de Lacan, do patriarcado colonial, a língua de todos os que estão presentes nesta sala, e a quem agora me dirijo.

Talvez vocês se espantem que eu recorra a um conto de Kafka para fazer isso, mas este colóquio me parece mais próximo da época do autor de *A metamorfose* que da nossa. As senhoras e os senhores organizaram um encontro para falar das "mulheres na psicanálise" em 2019 como se estivéssemos ainda em 1917, como se esse tipo particular de animal que chamam de "mulheres", de forma condescendente e naturalizada, ainda não tivesse adquirido pleno reconhecimento como sujeito político, como se as mulheres fossem apêndices ou notas de rodapé, criaturas estranhas e exóticas sobre as quais é imperativo refletir de tempos em tempos, em colóquios ou mesas-redondas. Seria preciso antes organizar um encontro sobre "homens brancos heterossexuais e burgueses na psicanálise", porque a maior parte dos textos e práticas psicanalíticas giram em torno do poder discursivo e político desse tipo de animal: um animal necropolítico* que vocês tendem a confundir com o "humano universal", e que permanece, até o presente, o sujeito da enunciação central nos discursos e nas instituições psicanalíticas da modernidade colonial.

Não tenho, por outro lado, muita coisa a declarar sobre as "mulheres na psicanálise", senão que sou, como Pedro Vermelho, um transfugitivo. Um dia fui "uma mulher na psicanálise". Recebi a designação do sexo feminino e, assim como o macaco mutante, me desvencilhei dessa "jaula" estreita para entrar em outra — mas ao menos, dessa vez, por minha própria iniciativa.

Falo hoje a partir dessa jaula escolhida e redesenhada do "homem trans", do "corpo de gênero não binário". Alguns dirão que se trata sempre de uma jaula política: em todo caso é uma jaula melhor que a dos "homens e das mulhe-

---

* Cunhado pelo teórico do pós-colonialismo e historiador camaronês Achille Mbembe, partindo da noção de "tanatopolítica" de Foucault, o termo "necropolítica" designa uma forma de soberania que reside no poder de decidir quem pode viver e quem deve morrer. Trata-se do governo da população por meio das técnicas de violência e de morte.

res", uma vez que tem o mérito de reconhecer sua condição de jaula.

Faz mais de seis anos que abandonei o estatuto jurídico e político de mulher. Um tempo talvez curto para quem está instalado no conforto ensurdecedor da identidade normativa, mas infinitamente longo quando tudo que foi aprendido na infância deve ser desaprendido, quando novas barreiras administrativas e políticas — invisíveis, mas eficazes — se erguem e a vida cotidiana se torna uma corrida de obstáculos. Seis anos da vida adulta de uma pessoa trans assumem então a qualidade que têm para um bebê nos primeiros meses de vida, quando as cores aparecem diante de seus olhos e as formas ganham um volume que as mãos podem pela primeira vez agarrar, quando a garganta, até então unicamente capaz de gritos guturais, e os lábios, até então feitos unicamente para mamar, articulam pela primeira vez uma palavra. Evoco o prazer da aprendizagem infantil porque um prazer semelhante surge da apropriação de uma nova voz e de um novo nome, da exploração do mundo para além da jaula da masculinidade e da feminilidade que acompanha o processo de transição. Esse tempo cronologicamente curto torna-se muito longo quando viajamos pelo mundo, quando estamos em evidência na mídia como *trending topic* "trans"; e quando, na verdade, estamos sozinhos, nos momentos em que precisamos nos apresentar ao psiquiatra, ao guarda de fronteira, ao médico ou ao juiz.

Para satisfazer a vontade de vocês de saber mais sobre a minha "transição" — algo que faço com alegria, embora com certas reservas —, irei expor nestes parágrafos o fio condutor pelo qual um indivíduo que viveu como mulher até os 38 anos começou primeiro por se definir como pessoa de gênero não binário e em seguida se incorporou ao mundo dos homens, sem no entanto se instalar completamente nesse gênero — pois para ser verdadeiramente reconhecido como homem, eu deveria calar-me e fundir-me no magma naturalizado da masculinidade, sem jamais revelar minha história dissidente nem meu passado político. Convém acrescentar que eu não poderia lhes dizer as trivialidades que virão a seguir se não estivesse totalmente seguro de mim mesmo, se minha posição como pessoa trans não tivesse sido afirmada de maneira incontestável em todos os grandes espetáculos digitais do mundo civilizado. Desde 16 de novembro de 2016 disponho de um passaporte com nome e sexo masculino, e não existem mais obstáculos administrativos para minha liberdade de movimentos nem à minha liberdade de tomar a palavra.

Ao nascer, atribuíram-me o gênero feminino, em uma cidade católica da Espanha ainda franquista. Os dados foram lançados. As meninas não estavam autorizadas a fazer a maior parte das coisas que os meninos faziam. Esperava-se de mim que cumprisse um trabalho de gênero e de reprodução sexual eficaz e silencioso. Eu deveria me tornar uma namorada gentil e heterossexual, uma boa esposa e mãe, uma mulher discreta. Cresci ouvindo histórias de jovens violentadas, de mulheres que iam a Londres para fazer abortos, de amigas eternamente celibatárias que viviam juntas sem jamais afirmar sua sexualidade em público — "as sapatões", como meu pai as chamava, com desprezo. Eu estava num beco sem saída. Se tivessem me pregado no chão, isso não teria reduzido meu espaço de ação. Por que as coisas eram assim? O que havia no meu corpo de criança que permitia predizer toda a minha vida? Mesmo arranhando a pele até sangrar, não era possível encontrar uma explicação. Mesmo batendo a cabeça contra os grilhões do gênero até parti-los em dois, não era possível descobrir a razão.

Seria igualmente impossível explicar o paradoxo que exigia que as mulheres, assujeitadas, violentadas, assassinadas, amassem e consagrassem a vida a seus opressores, os homens heterossexuais. Não vi nenhuma saída, ainda que fosse preciso encontrar uma: sentia que, por estar encurralada entre dois muros, o da masculinidade e o da feminilidade, acabaria inevitavelmente morrendo. Como eu era uma criança tranquila, que gostava de ficar no quarto sem fazer barulho, meus pais concluíram que eu seria um corpo particularmente dócil e receptivo a uma boa educação. Mas resisti a essa domesticação, sobrevivi a esse processo sistemático de aniquilação da minha potência vital que se organizou em torno de mim durante toda a minha infância e adolescência.

Não devo essa força que me permitiu sobreviver nem à psicanálise nem à psicologia, mas, pelo contrário, aos livros feministas, punks, antirracistas e lésbicos. Eu não era exatamente uma pessoa sociável, e os livros foram para mim autênticos guias no deserto do fanatismo da diferença sexual — livros que, como as obras de Giordano Bruno ou de Galileu Galilei que puseram fim ao geocentrismo, haviam sido escritos para pôr fim à convicção psicanalítica segundo a qual desafiar o binarismo equivalia a penetrar no domínio da psicose. Lembro-me da primeira vez que vi, numa loja em Madri, uma tradução espanhola de *O corpo lésbico*, de Monique Wittig, uma edição da Pre-Textos de 1977. Lembro-me da capa rosa e das páginas precocemente amareladas. Como se o título não fosse suficiente por si mesmo, um parágrafo do livro era reproduzido na capa: "o corpo lésbico, a secreção, a baba, a saliva, o muco, as lágrimas, o cerume, a urina, as nádegas, os excrementos, o sangue, a linfa, a gosma, a água...". Ao comprá-lo, tentei esconder a capa do vendedor, incapaz de assumir a vergonha que em 1987 representava querer comprar um livro intitulado *O corpo lésbico*. Lembro que o livreiro me olhou com desprezo, mas também com alívio, porque enfim conseguira se desfazer de uma obra que, como um recipiente perfurado do qual escorria um líquido infecto, havia sujado suas prateleiras. O livro me custou 280 pesetas. Seu verdadeiro valor para mim é incalculável. Para descobrir os outros livros que me conduziriam ao lugar onde estou hoje, tive que viajar, aprender outras línguas: assim encontrei *Sappho et Socrate*, de Magnus Hirschfeld; *Orlando*, de Virginia Woolf; *Voir une femme*, de Annemarie Schwarzenbach; *Le Rapport contre la normalité: du Front homosexuel d'action révolutionnaire* e *Le Désir homosexuel*, de Guy Hocquenghem; *L'Homme féminin*, de Joanna Russ; *Alchimie du corps*, de Loren Cameron; *Dans ma chambre*, de Guillaume Dustan; bem como as revistas de Lou Sullivan, os romances de Kathy Acker, a releitura feminista da história das ciências, de Londa Schiebinger, Donna Haraway e Anne Fausto-Sterling, os textos teóricos de Gayle Rubin, Susan Sontag, Judith Butler, Teresa de Lauretis, Eve K. Sedgwick, Jack Halberstam, Sandy Stone e Karen Barad. Graças a todas essas leituras, aprendi a ver a beleza para além da lei do gênero. Fui amparada por esses livros e, como um fugitivo, corri como se tivesse fogo nos calcanhares, e continuo a correr, ainda hoje, para escapar da servidão do regime binário da diferença sexual. Foi graças a esses livros heréticos que sobrevivi e consegui, o que é ainda mais importante, imaginar uma saída.

Pois bem, como no circo do regime binário heteropatriarcal as mulheres desempenham ora o papel da bela, ora o da vítima, e como eu não era nem me sentia capaz de ser nem uma nem outra, decidi deixar de ser mulher. Por que o abandono da feminilidade não pode se tornar uma estratégia fundamental do feminismo? Essa foi uma admirável associação de ideias, clara e distinta, que deve ter ocorrido em alguma parte do meu útero, já que se diz das mulheres que a sua única parte criativa é o útero. Do meu útero rebelde e não reprodutivo devem ter surgido então todas as outras estratégias: a raiva que me fez desafiar a norma, o gosto pela desobediência... Assim como as crianças repetem sem cessar os gestos que lhes proporcionam prazer e lhes permitem aprender, repeti os gestos que enfrentavam a norma a fim de encontrar uma saída.

Eu não tinha, contudo, nenhum desejo de me tornar um homem como os outros. Sua violência e arrogância política não exerciam sobre mim nenhuma sedução. Não tinha a menor inveja de me tornar isso que as crianças da burguesia branca chamavam de seres normais ou de boa saúde. Queria apenas uma saída: não importava qual. Para avançar, para escapar dessa paródia da diferença sexual, para não ser detida, com as mãos no ar, acuada nos limites dessa taxonomia. Foi assim que comecei a me injetar testosterona, cercada por um grupo de amigos que buscavam, eles também, uma saída. E foi assim que isso que as senhoras e os senhores chamam "condição feminina" escapou de mim a uma velocidade alucinante, levando-me mais longe do que eu jamais poderia imaginar. Repito: estava procurando uma porta de saída.

Receio que aquilo que entendo por "saída" não seja bem compreendido. Uso essa palavra no sentido mais concreto e mais corrente. Evito com isso a palavra liberdade, preferindo falar de encontrar uma saída ao regime de diferença sexual, o que não significa tornar-se imediatamente livre. No que me concerne, não conheci a liberdade quando era criança na Espanha de Franco, nem mais tarde quando era lésbica em Nova York, e não conheço a liberdade tampouco agora que sou, como se diz, um homem trans. Nem na época nem hoje, não pedi que me "dessem" liberdade. Os poderosos não cessam de prometer a liberdade, mas como poderiam dar aos subalternos algo que eles mesmos não conhecem? Paradoxo: aquele que amarra está tão amarrado quanto aquele em quem as cordas estão trançadas. E isso é válido também para as senhoras e os senhores, honoráveis psicanalistas, mestres em desligar e sobretudo em religar o inconsciente, grandes provedores de promessas de saúde e liberdade. Ninguém pode dar o que não tem ou o que jamais conheceu. Na verdade, entre "homens" e "mulheres", é fácil se deixar iludir pelos velhos clichês da "libertação" sexual, uma vez que a liberdade está entre nossos valores mais proeminentes; além disso, o simulacro a que corresponde é o mais banalizado no domínio do gênero e da sexualidade. Em nossos dias, o feminismo reformista está na moda, e de mais a mais os homens e sobretudo as mulheres não hesitam em se afirmar feministas, não sem insistir sobre o fato, essencial para eles, de que, por respeito à natureza, as mulheres devem permanecer mulheres e os homens devem permanecer homens. Mas de qual natureza eles falam? Da mesma forma, quando um "homem" assume uma pequena responsabilidade pelo trabalho doméstico, a sociedade é rápida em evocar um avanço em direção à igualdade dos sexos e à liberação das mulheres. Esses atos de liberação me fazem rir a tal ponto que meu peito vibra, como um tambor sobre o qual dançaria uma centopeia. A liberdade de gênero e sexual não pode ser de forma alguma uma distribuição mais equitativa da violência, nem uma aceitação mais pop da opressão. A liberdade é um túnel que se cava com as mãos. A liberdade é uma porta de saída. A liberdade — como esse novo nome pelo qual vocês agora me chamam, ou esse rosto vagamente hirsuto que veem diante de si — é algo que se fabrica.

E minha porta de saída foi, entre outras coisas, a testosterona. Nesse processo, o hormônio não é de modo algum um fim em si: é um aliado na tarefa de se inventar outro. Assim, progressivamente, abandonei o quadro da diferença sexual. O artista Del LaGrace Volcano diz que ser trans é ser intersexual *by design*. E foi exatamente isso que aconteceu. À medida que a testosterona agia sobre meu rosto e meu corpo, minha voz e meus músculos, ficava cada vez mais difícil manter minha identidade administrativa de mulher. Aqui começam os problemas para superar as barreiras. Vivemos imersos na rede política da diferença sexual, e não me refiro apenas às questões administrativas, mas a toda uma série de poderes microscópicos que operam sobre nossos corpos e modelam nossos comportamentos. Quando compreendi que deixar o regime da diferença sexual significaria deixar a esfera do humano e entrar em um espaço subalterno, de violência e de controle, fiz — como Galileu em sua época, quando retraçou suas hipóteses heliocêntricas — tudo que era necessário para continuar a viver o melhor possível e exigir um lugar no regime de gênero binário.

Designado ao gênero feminino em meu nascimento, e vivendo como uma mulher supostamente livre, comecei a atravessar um túnel, aceitei o jugo de me identificar como transexual e, por consequência, aceitei que minha condição, meu corpo, minha psique fossem considerados patológicos, segundo os conhecimentos que as senhoras e os senhores professam e defendem. Permitam-me dizer, no entanto, que encontrei nessa condição de aparente assujeitamento mais liberdade do que havia tido como mulher supostamente livre na sociedade tecnopatriarcal do início do século XXI, se por liberdade se entende sair, vislumbrar um horizonte, construir um projeto, ter a oportunidade, nem que por breves instantes, de experimentar um senso radical de comunidade com tudo que é vivo, com toda a energia, toda a matéria, para além das taxonomias hierárquicas que a história humana inventou. Se o regime da diferença sexual pode ser concebido como um arcabouço semiotécnico e cognitivo que limita nossa percepção, nossa forma de sentir e de amar, a jornada da transexualidade, por mais tortuosa e desigual que possa parecer, me permitiu experimentar a vida fora desses limites.

E, por mais paradoxal que isso possa parecer, o túnel em direção à saída passaria, no meu caso, por uma estrita e acadêmica aprendizagem das linguagens com as quais meu corpo e minha subjetividade haviam sido acorrentados. Da mesma forma que o professor de *A casa de papel* estuda a arquitetura invisível de um banco para elaborar uma estratégia que lhe permita não apenas entrar, o que seria relativamente fácil, mas também sair com o butim, o que seria complexo, estudei a arquitetura cognitiva da diferença sexual, tendo plena ciência de que seria ainda mais difícil no meu caso encontrar o butim e fugir com ele. No infinito labirinto de instituições em nossa sociedade que lidam com a construção das "verdades" de gênero e sexualidade, encontrei muitos professores: visitei uma série de universidades, aprendi a linguagem dos filósofos, dos psicanalistas e dos sociólogos, dos médicos e dos historiadores, dos arquitetos e dos biólogos. Ah, quando é preciso aprender, aprendemos; quando é preciso encontrar uma saída, somos implacáveis! Controlamo-nos com o chicote, chicoteando-nos à menor fraqueza. Que progresso! Que progresso em todos os domínios do conhecimento, no cérebro estúpido de um simples transexual! E uma vez que os saberes que permitem descontruir o pensamento dominante entraram nos centros de produção de conhecimento a partir dos anos 1970, depois da crítica pós--colonial e da emancipação progressiva dos movimentos feministas, homossexuais e operários, pude acessar não apenas os discursos normativos, mas também as numerosas formas subalternas de conhecimento que reuniam as experiências de resistência, de luta e de transformação daqueles que, historicamente, haviam sido objeto de extermínio, de violência e de controle. Estudei as tradições do feminismo negro e lésbico, a crítica anticolonial e os movimentos pós-marxistas. Toda essa aprendizagem me deixava feliz. Com um esforço que parecia excessivo, levando em conta meu suposto estado de doença mental e de disforia, alcancei a cultura acadêmica de um burguês ocidental. Quando recebi um diploma de doutorado da universidade de Princeton e vi um grupo de formandos me aplaudir, percebi que devia ser prudente. Aí está de novo, a jaula: dourada, dessa vez, mas tão sólida quanto as precedentes. Meu predecessor, Pedro Vermelho, afirmava "rastejar entre os arbustos", e era exatamente isso que eu estava fazendo: rastejando entre os arbustos das universidades...

E foi sem dúvida minha condição de "doutor" que simplificou a tarefa — que para a maioria dos transexuais é um calvário — de obter novos documentos de identidade em uma sociedade binária. Depois de uma série de visitas a vários psicólogos que poderiam me conferir um certificado de "bom transexual", o que me permitiria obter meus novos documentos de identidade, logo compreendi que havia diante de mim duas possibilidades: de um lado, o ritual farmacológico e psiquiátrico da transexualidade domesticada, e com ele o anonimato de uma masculinidade normal, e, de outro, e em oposição aos dois, o espetáculo da escritura política. Não hesitei. A masculinidade normal e naturalizada não era nada além de uma nova jaula. Quem nela entra nunca mais sairá. Escolhi. Disse a mim mesmo:

fale publicamente. Não se cale. E então fiz do meu corpo, do meu espírito, da minha monstruosidade, do meu desejo, da minha transição, um espetáculo público: havia encontrado uma saída. Foi assim que escapei de meus domesticadores médicos, que se pareciam muito com vocês, caros acadêmicos e psicanalistas. Digamos que não tive outra via, sempre assumindo que não se tratava de *escolher* a liberdade, mas de *fabricá-la*.

Ainda que eu tenha administrado regularmente a testosterona, só bem mais tarde fui reconhecido como um homem no plano social. Primeiro, e mesmo que eu já tivesse um pouco de barba e bigode, os seres binários e a sociedade heteropatriarcal se obstinavam em me chamar de "senhora", e o faziam me olhando com desprezo — muitas vezes, deixavam escapar a palavra "sapatão" assim que eu lhes dava as costas. Até que um dia, depois de ter me injetado por três meses com uma dose de 250 miligramas de testosterona a cada 21 dias, abri a boca e uma voz rouca e áspera saiu da minha garganta. Fui o primeiro a ficar assustado, como se meus órgãos fonadores estivessem possuídos por uma entidade estranha. Não foi a masculinidade da voz que me aterrorizou, mas sua diferença em relação à voz graciosa pela qual todo mundo me reconhecia até então. Logo saí à rua e comecei a falar com essa voz que era ao mesmo tempo a minha e a de um outro. Minhas primeiras palavras me fizeram cair de repente na comunidade dos homens, que me acolheram como nunca antes haviam feito: "Escutem, é um homem!". Eu sentia essas palavras como um ferro que, com o fogo, me marcava enquanto homem, me recebendo finalmente na comunidade viril. No primeiro dia, o triunfo foi de curta duração, porque imediatamente depois minha voz se quebrou e falhou de novo comigo. Pouco a pouco, essa voz estranha se instalou em mim. É com essa voz, fabricada, mas biológica, estranha, mas inteiramente minha, que me dirijo aos caros senhoras e senhores.

Quando iniciei esse processo de transição, precisei de algum tempo para entender os códigos da masculinidade dominante. E, acreditem ou não, nada foi tão difícil como me habituar ao fedor e à sujeira dos banheiros masculinos. Eu ficava atormentado pelo cheiro, pela urina espalhada nos assentos e em toda parte; apesar de minhas boas intenções, levei semanas para conseguir superar essa repulsa. Até que compreendi que essa sujeira e esse fedor correspondiam a uma forma de relação estritamente homossocial: os homens haviam criado um círculo fétido para caçar as mulheres. No interior desse círculo, em segredo, eles estavam livres para se olhar, livres para se tocar, livres para se revolver em seus próprios fluidos, fora de toda representação heterossexual. Assim como as mulheres vão ao banheiro para refazer sua máscara de feminilidade, os homens vão ao banheiro para se esquecer por um instante da sua heterossexualidade e afirmar um prazer escondido de estar sozinhos, sem esse estranho alter ego que são as mulheres das quais devem estar acompanhados socialmente para exercer uma função reprodutiva e heteroconsensual. Através dessa e de outras experiências ainda mais fantásticas, que não terei tempo de enumerar aqui, as coisas começaram a me parecer mais ridículas, mas também mais complexas e multiformes do que eu poderia imaginar quando ocupava ainda a posição política de mulher. Por trás das máscaras da feminilidade e da masculinidade dominantes, por trás da heteronormatividade, se escondem de fato múltiplas formas de resistência e de desvio.

Como pessoa trans, a primeira coisa que aprendi foi a caminhar na rua sendo olhado pelos outros como se fosse um homem. Aprendi a olhar reto e para o alto em vez de para o lado e para baixo. Aprendi a cruzar o olhar com outros homens sem baixar os olhos e sem sorrir. Mas, nesse aprendizado, nada foi tão importante quanto entender que, sendo supostamente "homem" e "branco" em um mundo patriarco-colonial, poderia acessar pela primeira vez o privilégio da universalidade. Um lugar anônimo e tranquilo onde é possível ficar na paz mais sagrada. Eu nunca havia me sentido universal. Era uma mulher, era lésbica, era migrante.

Conheci a alteridade, não a universalidade. Se renunciasse a me afirmar publicamente como "trans" e aceitasse ser reconhecido como homem, poderia abandonar de uma vez por todas o peso da identidade.

Mas por que as senhoras e os senhores estão convencidos, queridos amigos binários, de que só os subalternos têm uma identidade? Por que estão convencidos de que só os muçulmanos, os judeus, os gays, as lésbicas, os trans, os moradores de periferias, os migrantes e os negros têm uma identidade? Vocês, os normais, os hegemônicos, os psicanalistas brancos da burguesia, os binários, os patriarco-coloniais, por acaso não têm identidade? Não existe identidade mais esclerosada e mais rígida do que a sua identidade invisível. Que a sua universalidade republicana. Sua identidade leve e anônima é o privilégio da norma sexual, racial e de gênero. Ou bem todos temos uma identidade ou então não existe identidade. Ocupamos todos um lugar diversificado em uma complexa rede de relações de poder. Ser marcado com uma identidade significa simplesmente não ter o poder de nomear sua posição identitária como universal. Não há universalidade nas narrativas psicanalíticas das quais vocês falam. As narrativas mítico-psicológicas retomadas por Freud e elevadas ao grau de ciência por Lacan não são mais do que histórias locais, histórias do espírito patriarco-colonial europeu, histórias que permitem legitimar a posição ainda soberana do pai branco sobre qualquer outro corpo. A psicanálise é um etnocentrismo que não reconhece sua posição politicamente situada. E não digo isso para me inclinar diante da etnopsiquiatria: suas hipóteses são igualmente patriarco-coloniais e não diferem daquelas da psicanálise em termos de naturalização da diferença sexual.

Como a psicanálise e a psicologia normativas dão um sentido ao processo de subjetivação de acordo com o regime da diferença sexual, do gênero binário e heterossexual, toda sexualidade não heterossexual, todo processo de transição de gênero ou toda identificação de gênero não binária dispara uma proliferação de diagnósticos. Uma das estratégias fundamentais desse discurso psicanalítico é detectar no desenvolvimento pré-natal ou infantil do homossexual, ou do "transexual", ou da pessoa de sexo não binário, os signos da doença, investigar o traumatismo que desencadeou a inversão. Alguns nesta sala dirão que, ao me tornar "trans", reneguei minha verdadeira natureza feminina. Outros dirão que já havia em mim uma natureza masculina (descrita em termos genéticos, endócrinos ou psicológicos) que procurava se expressar. Outros dirão ainda que são desejos escondidos de meus pais (sempre imaginados como um casal binário e heterossexual, se possível branco) que terminaram por se materializar para fazer de mim o que sou hoje. Tudo isso não passa de simplificações grotescas. Não sou de maneira alguma o que vocês imaginam. Não sei nem mesmo o que sou. Saber o que cada um é não é mais fácil do que determinar a posição exata de um elétron dentro de um acelerador de partículas.

Contrariamente ao que pretendem a psiquiatria e a psicanálise heteropatriarcal e colonial, não houve na minha infância o desejo de ser um "homem" que pudesse legitimar ou justificar minha transição. Se eu estivesse obstinadamente amarrado a isso que vocês chamam de "minhas origens", se tivesse seguido apenas as evocações da minha infância, limitadas pela educação, a punição e o medo, teria sido impossível para mim realizar o que realizei. Para poder mudar, me impus duas leis, mais fortes do que todas as regras que a sociedade patriarcal e colonial quis me inculcar. A primeira delas, que considerei implícita durante todo o meu processo de transição, foi abolir o terror de ser anormal, semeado no meu coração ao longo da infância. É necessário detectar, isolar e extrair esse terror da memória. A segunda lei, um pouco mais difícil de seguir, foi recusar qualquer simplificação. Parar de supor, como fazem as senhoras e os senhores, que sei o que é um homem e uma mulher, ou um homossexual e um heterossexual. Libertar meu pensamento desses grilhões e experimentar, tentar perceber, sentir, nomear, para além da diferença sexual.

Hoje, vejo com clareza: se não tivesse sido indiferente ao mundo ordenado e supostamente feliz da norma, se não tivesse sido abandonado pela minha própria família, se não tivesse preferido minha monstruosidade à heteronormatividade social, se não tivesse optado pelo meu desvio de gênero ante a saúde sexual de vocês, eu jamais teria conseguido escapar... ou, para ser mais preciso, me descolonizar, me desidentificar, me desbinarizar. Ao sair da jaula da diferença sexual, conheci a exclusão e a rejeição da sociedade, mas aceitar a norma teria exigido algo ainda mais desastroso e doloroso: a destruição da minha potência vital. Na verdade, tudo isso que me tornei, devo talvez a essa indiferença pela saúde mental que desenvolvi durante a adolescência, acompanhado pelos livros, naquela cidade espanhola onde meu futuro parecia ter sido escrito por Deus e mais tarde traduzido para várias línguas por médicos e psicanalistas.

Minha vida fora do regime da diferença sexual é mais bela do que qualquer coisa que as senhoras e os senhores poderiam me prometer como recompensa por aderir à norma. Se aceito o novo jugo do nome masculino no meio desse túnel em direção à saída, é para mostrar melhor o sofisma que sustenta todas as identificações de gênero. Esse jugo me aportou igualmente certas vantagens, que aceito de tempos em tempos como um copo d'água em um deserto político. Aqueles que ignoram minha condição de pessoa trans me tratam com a prerrogativa e a deferência com as quais os homens brancos são tratados na sociedade patriarcal e colonial. Eu poderia sem dúvida aproveitar esses favores estúpidos, mas para fazê-lo seria preciso que tivesse perdido a memória — tarefa impossível!

As lembranças da minha vida passada como mulher não apenas não foram apagadas como restam vivas em meu espírito, de modo que, ao contrário do que acreditam e preconizam a medicina e a psiquiatria, não cessei completamente de ser Beatriz para me tornar Paul. Meu corpo vivo — não diria meu inconsciente ou minha consciência, mas meu corpo vivo, que engloba tudo em suas constantes mutações e múltiplas evoluções — é como uma cidade grega onde coexistem, com variados graus de energia, edifícios trans contemporâneos, uma arquitetura lésbica pós-moderna e belas casas art déco, mas também velhas casas de campo sob cujas fundações subsistem ruínas clássicas, animais ou vegetais, substratos minerais e químicos por vezes invisíveis. Os rastros que a vida passada deixou na minha memória se tornaram cada vez mais complexos e conectados, formando um amontoado de forças vivas, de modo que é impossível dizer que há apenas seis anos eu era *simplesmente* uma mulher e que dali em diante me tornei *simplesmente* um homem. Prefiro minha nova condição de monstro à de homem ou de mulher, porque ela é como um passo que avança no vazio, indicando a direção de um outro mundo. Não falo aqui do corpo vivo como um objeto anatômico, mas como aquilo que chamo de "somateca", um arquivo político vivo. Assim como Freud evocava um aparelho psíquico mais amplo do que a consciência, é necessário hoje articular um novo conceito de aparelho somático para levar em conta as modalidades históricas e externalizadas do corpo, aquelas que existem mediatizadas pelas tecnologias digitais ou farmacológicas, bioquímicas ou protéticas. A "somateca" está em mutação.

O monstro é aquele que vive em transição. Aquele cujo rosto, corpo e práticas não podem ainda ser considerados verdadeiros em um regime de saber e poder determinados.

Fazer uma transição de gênero é inventar um agenciamento maquínico com o hormônio ou com algum outro código vivo — que pode ser uma língua, uma música, uma forma, uma planta, um animal ou outro ser vivo. Fazer uma transição de gênero é estabelecer uma comunicação transversal com o hormônio, que apaga — ou melhor, eclipsa — isso que vocês chamam de fenótipo feminino e que permite o despertar de outra genealogia. Esse despertar é uma revolução. Trata-se de uma sublevação molecular. Um assalto contra o poder do ego heteropatriarcal, da identidade e do nome. É um processo de descolonização do corpo.

É esta possível revolução, inerente a todo processo de transição, que aterroriza a psicologia e a psicanálise normativas, aferradas a neutralizar sua potência. No discurso médico e psicológico dominante, o corpo trans é uma colônia.

O corpo trans é para a heterossexualidade normativa o mesmo que Lesbos é para a Europa: uma fronteira cuja extensão e forma só se perpetuam pela violência. Cortar aqui, colar acolá, suspender esses órgãos, substituí-los por outros.

O corpo trans é a colônia. Todos os dias — não importa em que rua de Tijuana ou de Los Angeles, de São Petersburgo ou de Goa, de Atenas ou de Sevilha —, um corpo trans é morto com a mesma impunidade com que uma nova ocupação se levanta de um lado ou de outro do rio Jordão. A psicologia clínica e a medicina participam de uma guerra pela imposição e normalização dos órgãos do corpo trans.

O migrante perdeu o Estado-nação. O refugiado perdeu a casa. A pessoa trans perdeu o corpo. Todos eles atravessaram a fronteira. A fronteira os constitui e os atravessa, os destitui e os derruba.

O corpo trans é para a epistemologia da diferença sexual o que o continente americano foi para o Império espanhol: um lugar de imensa riqueza e cultura impossível de reduzir ao imaginário do império. Um lugar de extração e de aniquilamento da vida. Para o sistema heteropatriarcal, nossos órgãos trans são minas de Potosí que alimentam o inconsciente colonial. A prata é separada da terra e o mineiro é enterrado em um poço. Nossos órgãos são a borracha da Amazônia e o ouro da montanha, o óleo de que a máquina sexual normativa precisa para funcionar. Em todos os lugares, o corpo trans é odiado, ao mesmo tempo que é fantasiado, desejado e consumido.

O corpo trans é uma potência de vida, é a inesgotável Amazônia que se espalha pelas selvas, resistindo a barragens e extrações.

O corpo trans é para a anatomia normativa o que a África foi para a Europa: um território a ocupar e distribuir a quem pagar melhor. Os seios e a pele para a cirurgia estética, a vagina para a cirurgia estatal, o pênis para a psiquiatria ou para as anamorfoses de Lacan. O que o discurso científico e técnico ocidental considera os órgãos sexuais emblemáticos da masculinidade e da feminilidade, o pênis e a vagina, não é mais real do que Ruanda ou a Nigéria, do que a Espanha ou a Itália. Existe uma diferença entre a colina verde cheia de vida de um lado do rio e o deserto que se estende pelo outro lado, varrido pelo vento. Existe a paisagem erótica de um corpo. Não há órgãos sexuais, mas enclaves coloniais de poder.

O corpo trans é uma colônia de instituições disciplinares: da psicanálise, dos meios de comunicação, da indústria farmacêutica, do mercado.

O corpo trans é a África, e seus órgãos, para viver, se expressam nas línguas desconhecidas do colonizador, inventam sonhos que os psicanalistas ignoram.

Quando as senhoras e os senhores tiverem cortado todas as árvores e explorado todas as montanhas, quando tiverem analisado todos os nossos sonhos, não restará mais nada que possam esmagar. A Terra será então uma grande lixeira, um enorme corpo trans desmembrado e devorado. Os corpos dos colonizadores e os corpos de vocês, caros psicanalistas, serão enterrados com os órgãos trans que não nos tiverem tomado. Mas os órgãos que nunca tivemos não poderão jamais ser enterrados. Nossos órgãos utópicos viverão eternamente, serão os guerreiros das fronteiras.

No centro dessa guerra patriarco-colonial, a transição de gênero é uma antigenealogia. Trata-se de ativar os genes cuja expressão tenha sido anulada pela presença do estrogênio ao ligá-los agora à testosterona, iniciando uma evolução paralela da vida, liberando a expressão de um fenótipo que de outra forma teria permanecido mudo. Para ser trans, é preciso aceitar a irrupção triunfal de um outro futuro em si, em todas as células do seu corpo. Fazer uma transição é compreender que os códigos culturais da masculinidade e da feminilidade são anedóticos se comparados às infinitas modalidades da existência.

O mimetismo é um mau conceito para pensar a transição de gênero, porque depende ainda da lógica binária. Ser isso ou aquilo, ser uma coisa ou imitar outra. Ser homem ou mulher. A pessoa trans não imita nada, assim como o crocodilo não imita o tronco da árvore, nem o camaleão as cores do mundo. Ser trans é deixar de ser um crocodilo e se conectar com seu futuro vegetal, compreender que o arco-íris pode se transformar em pele.

Quando aceita como um processo de tecnoxamanismo ativado pela presença da linguagem e dos hormônios, a experiência trans é um turbilhão de energia transformadora que recodifica todos os significantes políticos e culturais sem que seja possível fazer o recorte nítido (cardinal, segundo a caracterização médica) entre ontem e hoje, entre feminino e masculino. Sou a menina que atravessa um bairro da cidade de Cantábria e trepa nas cerejeiras roçando as pernas. Sou o menino que dorme no estábulo com as vacas. Sou a vaca que sobe a montanha e se esconde dos olhares humanos. Sou Frankenstein em busca de alguém que o ame, passeando com uma flor na mão, enquanto todos à volta fogem. Sou o leitor cujo corpo se converte em livro. Sou a adolescente que abraça uma menina atrás da porta da igreja. Sou a menina que se disfarça de jesuíta e aprende de cor os parágrafos da *Ética* de Espinosa. Sou a lésbica de cabeça raspada que assiste aos seminários BDSM no Lesbian, Gay, Bisexual and Transgender Community Center na rua 13 Oeste, em Manhattan. Sou a pessoa que se recusa a se identificar como mulher e que se injeta pequenas doses de testosterona a cada dia. Sou um Orlando cuja escritura se tornou química. Mas gostaria de evitar a narrativa heroica da minha transição. Não há nada de heroico nesse processo. Não sou um lobisomem nem tenho a imortalidade de um vampiro. Meu único heroísmo era o desejo de viver, a força com a qual o desejo de mudança se manifestava e se manifesta ainda hoje em mim. Longe de serem particulares, as observações sobre meu corpo e minhas vicissitudes pessoais descrevem maneiras políticas de normalizar ou desconstruir o gênero, o sexo e a sexualidade, e podem, portanto, ser interessantes para a constituição de um saber dissidente diante das linguagens hegemônicas da psicologia, da psicanálise e das neurociências.

Falo sobre isso publicamente porque é fundamental que a palavra dos subalternos sexuais e de gênero não seja confiscada pelo discurso da diferença sexual. Sei que fiz do meu corpo uma sala de exposição: mas prefiro fazer da minha vida uma lenda literária, um espetáculo biopolítico, do que deixar a psiquiatria, a farmacologia, a psicanálise, a medicina ou os meios de comunicação construírem de mim uma representação como homossexual ou transexual integracionista, binário e instruído, como monstro culto capaz de se expressar na linguagem da norma, senhoras e senhores acadêmicos e psicanalistas.

A MEDICINA E A LEI DO BINARISMO de gênero apresentam o processo da transexualidade como um caminho estreito e perigoso, uma mutação definitiva e irreversível que só pode ser alcançada em condições extremas, de tal forma que apenas alguns, o mínimo possível, seriam capazes de seguir por esse percurso. Eu diria, no entanto, que esse caminho é mais fácil e mais agradável do que a maioria das experiências que o discurso dominante propõe como obrigatórias e desejáveis, legitimadas pelas instituições médicas e jurídicas. É mais fácil fazer a transição de gênero em si do que ir à escola todos os dias no mesmo horário durante anos, do que manter um casamento monogâmico e fiel, do que engravidar e parir, do que fundar uma família, do que encontrar um emprego satisfatório por um longo tempo, do que ser feliz na sociedade de consumo, do que envelhecer e ser posto em uma casa de repouso. Eu diria mesmo que, ao contrário do que se costuma afirmar, o processo de metamorfose política que acompanha a transexualidade foi uma das coisas mais belas e alegres por que já passei na vida. Todos os aspectos terríveis e assustadores da transexualidade dizem respeito não ao processo de transição em si, mas à forma como as fronteiras de gênero punem e ameaçam matar aquele que tenta ultrapassá-las. Não é a transexualidade que é assustadora e perigosa, mas o regime da diferença sexual.

Enfim, o processo de transição do qual estou falando aqui não é de forma alguma irreversível. Ao contrário, bastariam a decisão consciente de me "reidentificar" como mulher e alguns meses sem tomar testosterona para que eu pudesse voltar a habitar o espaço social num corpo feminino. A suposta unidirecionalidade dessa viagem é uma das mentiras normativas da história psiquiátrica e psicanalítica, uma das consequências equivocadas do pensamento binário. Em um processo "trans", não apenas não é necessário tornar-se homem, como é perfeitamente possível "ser" de novo uma mulher, ou ainda outra coisa, caso isso seja necessário ou desejável.

Para dizer da forma mais simples possível: qualquer pessoa nesta sala, eminentes sábios da Escola da Causa Freudiana, poderia ser homossexual ou tornar-se "trans". Qualquer um entre as senhoras e os senhores, qualquer um que se dignasse a mergulhar no caleidoscópio do próprio desejo e do próprio corpo, em seu reservatório de tensão nervosa, em sua própria memória, poderia encontrar em si uma excitação tônica, uma energia livre que o levasse a viver de outra forma, a mudar, a ser diferente, a estar, por assim dizer, *radicalmente vivo*. A feminilidade ou a masculinidade dos que estão aqui presentes, assumida e defendida, não é menos fabricada do que a minha. Bastaria que revissem sua própria história de normalização e submissão aos códigos sociais e políticos de gênero dominantes para que sentissem as engrenagens da roda da fabricação girando dentro de si, e com elas o desejo de se libertar da repetição, de se desidentificar. Viver para além da lei do patriarcado colonial, da diferença sexual, da violência sexual e de gênero, é um direito que todo corpo vivo deveria ter, mesmo o de um psicanalista.

Mas viver fora desse regime epistêmico e político quando um novo arcabouço cognitivo, um novo mapa do que significa viver, ainda não foi acordado coletivamente, é hoje terrivelmente difícil: nesse processo de transição, não cheguei aonde havia me proposto ir. Não é fácil inventar uma nova língua, inventar todos os termos de uma nova gramática. Trata-se de uma tarefa enorme, coletiva. Mas mesmo que uma só vida possa parecer insignificante, ninguém ousará dizer que o esforço não terá valido a pena.

No entanto, se me dirijo hoje às senhoras e aos senhores, praticantes e acadêmicos da escola francesa de psicanálise, não é porque eu, o monstro, esteja interessado em sua opinião sobre minha suposta "transexualidade". A partir da minha própria experiência, direi que a vida é igualmente bela, talvez ainda mais bela, e o amor igualmente intenso, talvez ainda mais intenso, quando a diferença sexual e as formas de amor heterossexual e homossexual que vocês consideram mais ou menos normais ou patológicas são reconhecidas por aquilo que são: grandes artefatos de ficção que construímos coletivamente, que um dia podem ter sido necessários à sobrevivência de determinado grupo de animais humanos, mas hoje não passam de uma pesada armadura que não produz nada além de morte e opressão. Artefatos inventados e legitimados politicamente, convenções históricas, instituições culturais que tomaram a forma de nossos próprios corpos a ponto de nos identificarmos a elas. A masculinidade e a feminilidade normativas, a heterossexualidade e a homossexualidade, tal como imaginadas no século XIX, entraram em um processo que, se não pode ser chamado de colapso, deve pelo menos ser qualificado de desconstrução, por eufemismo ou por convicção filosófica.

Permitam-me simplesmente lhes pedir que me acompanhem pelos bastidores desse grande edifício político que chamamos de diferença sexual, esse conjunto de normas e relações de força que vocês talvez acreditem ser indispensável para a vida em sociedade, mas cuja manutenção tornou-se insuportável.

Quero simplesmente que saibam, que todo mundo saiba, por meio da minha experiência, por meio do saber produzido pelos subalternos sexuais e de gênero, mas também pelos debates médicos e científicos contemporâneos, o que a diferença sexual nomeia. Uma vez esclarecidos, vocês poderão decidir por si mesmos.

E, para que possam saber e decidir, se me permitem, com a liberdade inusitada que me confere o fato de me dirigir às senhoras e aos senhores de uma posição discursiva tão inesperada quanto impossível, a do monstro disfórico de gênero que se apresenta diante de uma academia de psicanalistas, gostaria de lhes transmitir hoje ao menos três ideias, tendo consagrado toda uma vida a estudar os diferentes tipos de jaulas sexuais e de gênero nas quais os humanos se fecham.

Em primeiro lugar, eu gostaria de lhes dizer que o regime da diferença sexual com o qual a psicanálise trabalha não é nem uma natureza nem uma ordem simbólica, mas uma epistemologia política do corpo, que, como tal, é histórica e mutante.

Em segundo lugar, caso ainda não tenham compreendido, que essa epistemologia binária e hierárquica encontra-se em crise desde os anos 1940, não apenas por força da contestação exercida pelos movimentos políticos das minorias dissidentes, mas também por conta do surgimento de novos dados morfológicos, cromossômicos e bioquímicos que tornam a atribuição binária do sexo ao menos conflituosa, se não impossível.

Em terceiro lugar, eu gostaria de lhes dizer que a epistemologia da diferença sexual foi abalada por mudanças profundas, e vai dar lugar, provavelmente nos próximos dez ou vinte anos, a uma nova epistemologia. Os novos movimentos transfeministas, queer e antirracistas, mas também as novas práticas de filiação, de relações amorosas, de identificação de gênero, de desejo, de sexualidade, de nomeação são indícios dessa mutação e das experimentações na fabricação coletiva de uma outra epistemologia do corpo humano vivo.

Diante dessa transformação epistemológica em curso, será preciso que as senhoras e os senhores psicanalistas da França decidam o que vão fazer, onde vão se colocar, em que "jaula" querem ser fechados, de que modo vão jogar suas cartas discursivas e clínicas em um processo tão importante como esse.

Peço que me deem ainda alguns minutos de atenção, se ainda forem capazes de escutar um corpo não binário e conceder a ele um potencial de razão e de verdade.

I.

EM PRIMEIRO LUGAR, o regime da diferença sexual que as senhoras e os senhores consideram como universal e quase metafísico, sobre o qual repousa e se articula toda teoria psicanalítica, não é uma realidade empírica, nem uma ordem simbólica fundadora do inconsciente. Não é nada mais que uma epistemologia do ser vivo, uma cartografia anatômica, uma economia política do corpo e uma gestão coletiva das energias reprodutivas. Uma epistemologia que se forja junto com a taxonomia racial no período de expansão mercantil e colonial europeia e se cristaliza na segunda metade do século XIX. Essa epistemologia, longe de ser a representação de uma realidade, é uma máquina performativa que produz e legitima uma ordem política e econômica específica: o patriarcado heterocolonial.

Quando falo do regime da diferença sexual como uma epistemologia, me refiro a um sistema histórico de representações, a um conjunto de discursos, instituições, convenções, práticas e acordos culturais (sejam eles simbólicos, religiosos, científicos, técnicos, comerciais ou comunicativos) que permitem a uma sociedade decidir o que é verdadeiro e distingui-lo do que é falso. Para explicar o funcionamento dos regimes epistemológicos, vou me referir aqui aos estudos sobre mudanças de paradigma científico conduzidos pelo historiador da ciência Thomas Kuhn, mais tarde desenvolvidos por Ian Hacking, Bruno Latour e Donna Haraway.

Um paradigma determina uma ordem do visível e do invisível, e como tal traz consigo uma ontologia e uma ordem política, isto é, estabelece a diferença entre o que existe e o que não existe social e politicamente, e instaura uma hierarquia entre os diversos seres. Determina uma maneira específica de experimentar a realidade por meio da linguagem, um conjunto de instituições que regulam os rituais de produção e de reprodução social. Bruno Latour nos lembra que um paradigma não é uma metáfora ótica, apesar dos exemplos emprestados da psicologia da Gestalt. Um paradigma não é uma simples visão de mundo. Não é uma interpretação e menos ainda uma simples representação subjetiva. "É", explica Latour, "a prática, o *modus operandi* que autoriza a emergência de fatos novos. É mais como uma estrada que permite alcançar um lugar experimental do que como um filtro que colore os dados de maneira permanente. Um paradigma atua mais ou menos como a pista de um aeroporto. Torna possível, por assim dizer, a 'aterrissagem' de certos fatos. Compreendemos melhor a importância, para Kuhn, de todos os aspectos sociais, coletivos e institucionais desses paradigmas. Para ele, nada disso enfraqueceria a verdade das ciências, sua comensurabilidade, seu acesso à realidade. Ao contrário, se insistíssemos sobre os aspectos materiais daquilo que permite que os fatos 'aterrissem', compreenderíamos também, segundo ele, por que as ciências avançam de uma forma tão conservadora, tão lenta, tão viscosa. Um hidroavião não pode aterrissar no aeroporto de Orly, um quantum* não pode 'aterrissar' na física de Newton."**

Uma epistemologia é um fechamento do nosso sistema cognitivo que não apenas dá respostas às nossas questões, mas que define as próprias questões que podemos nos colocar em função de uma interpretação prévia dos dados sensoriais. Os paradigmas científicos são engajamentos compartilhados por uma comunidade social que, sem ter o caráter de axiomas infalíveis ou plenamente demonstrados, são largamente aceitos na medida em que servem para resolver todo tipo de problema. Os paradigmas são "universos

---

* Em mecânica quântica, o quantum representa a menor unidade de medida indivisível, tanto em termos de energia quanto em termos de massa ou movimento. Para a física newtoniana, os quanta não existem.
** Bruno Latour, "Avons-nous besoin des paradigmes?", in: *Chroniques d'un amateur de sciences* (Paris: Presses des Mines, 2006), pp. 29-30.

de discurso" nos quais reina uma certa coerência, uma certa paz tecno-semiótica, um certo acordo. Mas não são mundos de significação imutável. Uma epistemologia se caracteriza justamente pela flexibilidade, o que permite a resolução de um certo número de problemas. Até que os problemas que essa epistemologia cria se tornam, por assim dizer, mais numerosos do que aqueles que resolve. De modo que ela, por definição conservadora, lenta e viscosa, torna-se obsoleta, nociva e até mesmo deletéria, e é substituída por uma nova epistemologia, um novo dispositivo, capaz de responder às novas questões.

Poderíamos dizer, portanto, que o regime da diferença sexual é uma epistemologia histórica, um paradigma cultural e tecno-científico, que nunca existiu e que está sujeito, como toda epistemologia, a críticas e mudanças. Os historiadores contemporâneos da ciência e da sociedade renascentista concordam que durante a Idade Média, e provavelmente até o século XVII, uma epistemologia "monossexual" dominou o Ocidente, uma epistemologia na qual somente o corpo e a subjetividade masculinos eram reconhecidos como anatomicamente perfeitos. Nos textos de Hipócrates e de Galeno, nos traços anatômicos de Vesálio, o corpo das mulheres compartilhava a mesma anatomia dos homens: mas, por conta da ausência de calor interno, os órgãos genitais femininos permaneciam no interior do corpo, enquanto nos homens, o sexo mais quente e perfeito, a genitália era exposta. As pessoas falavam de homens e mulheres, mas também de anjos e demônios, de monstros e quimeras. Nessa epistemologia, porém, os homens e os anjos têm mais realidade ontológica e política do que as mulheres e as quimeras. Antes do século XIX, a "mulher" não existia nem anatômica nem politicamente como subjetividade soberana. O paradigma monossexual funcionaria segundo um "sistema de semelhanças" no qual o corpo feminino estaria representado como uma variação hierarquicamente inferior do masculino. O corpo das mulheres não seria reconhecido como entidade anatômica, como sujeito político, tendo existência ontológica, autônoma e plena. Antes do século XVIII, uma vagina era um pênis invertido, o clitóris e as trompas de Falópio não existiam e os ovários eram testículos interiorizados. A ginecologia era apenas obstetrícia. Não havia mulheres. Havia mães em potencial. Eram as menstruações e a capacidade de gestação que definiam a feminilidade, não a forma dos órgãos genitais. A genitalidade como indicador anatômico-político da diferença sexual é uma invenção muito recente. No regime patriarcal, só são reconhecidos como soberanos o corpo masculino e sua sexualidade. O corpo e a sexualidade femininas são subalternas, dependentes, minoritárias — não em número, bem entendido, mas no sentido que Deleuze e Guattari dão a esse termo, como variável de assujeitamento em uma relação de poder.

Ao longo dos séculos XVIII e XIX, as novas técnicas médicas e visuais deram origem progressivamente a uma "estética da diferença sexual",* que opõe a anatomia do pênis à da vagina, os ovários aos testículos, a produção de esperma e a reprodução uterina, os cromossomos X e Y, mas também o trabalho produtivo masculino e a domesticidade reprodutiva feminina. Uma nova epistemologia binária, baseada num sistema de oposições entre os sexos, é estabelecida com os tratados biológicos de Lineu, Georges Cuvier e Georges du Buffon, com as teorias genéticas de Hermann Henking — que descobriu e nomeou o cromossomo X em 1891 —, com os tratados de obstetrícia de Alfred Louis Velpeau e Charles Clay e com a ginecologia colonial de J. Marion Sim.**

Diferentes historiadores da ciência estudaram o processo de mudança e transição que conduz de um paradigma mo-

---

* Thomas Laqueur, *Making Sex: Body and Gender from the Greeks to Freud* (Cambridge, MA: Harvard University Press, 1992), p. 163. [Ed. bras.: *Inventando o sexo: Corpo e gênero dos gregos a Freud*. Trad. de Vera Whately. Rio de Janeiro: Relume-Dumará, 2001.]
** Em 2013, o coletivo antirracista Black Youth Project 100 protestou contra a estátua de J. Marion Sim na Faculdade de Medicina da Universidade de Nova York. J. Marion comprava escravizadas negras com as quais praticava suas experiências ginecológicas, notadamente a vivissecção e a esterilização.

nossexual a um paradigma da diferença sexual. Para Thomas Laqueur, essa mudança foi brutal, aconteceu no século XVIII e coincidiu com uma série de processos de emancipação política do corpo das mulheres. No entanto, segundo a historiadora Helen King, não houve uma passagem drástica de uma epistemologia à outra, uma vez que o modelo monossexual não conseguiu prevalecer completamente ao longo da Antiguidade e da Renascença, coexistindo com momentos de semiemergência de um modelo de diferença sexual, até que este predominasse no final do século XVIII.*
Apesar de suas diferenças de metodologia e análise, a maioria dos historiadores concordam que, ao final do século XVIII, a invenção da estética anatômica da diferença sexual serviu para sustentar a ontologia política do patriarcado, estabelecendo as diferenças "naturais" entre homens e mulheres, em uma época em que a universalização de um só corpo humano vivo poderia ter vindo a legitimar o acesso das mulheres às tecnologias de governo e à vida política.**

É interessante pensar que a psicanálise freudiana, enquanto teoria do aparelho psíquico e prática clínica, foi inventada precisamente no momento em que se cristali-

---

* Helen King, *The One-Sex Body on Trial: The Classical and Early Modern Evidence. The History of Medicine in Context*. Farnham, Burlington: Ashgate, 2012.
** Michelle M. Sauer, *Gender in Medieval Culture*. Londres: Bloomsbury, 2015.

zavam as noções centrais da epistemologia das diferenças racial e sexual: raças evoluídas e raças primitivas, homem e mulher definidos como anatomicamente diferentes e complementares por seu poder reprodutivo, como figuras potencialmente paternais e maternais na instituição familiar colonial burguesa; mas também a heterossexualidade e a homossexualidade, respectivamente compreendidas como normal e patológica. Vista pelas lentes da história dos corpos abjetos, da história dos monstros e sua relação com a sexualidade normativa, a psicanálise é a ciência do inconsciente patriarco-colonial, é a teoria do inconsciente da diferença sexual.

A psicanálise não trabalha apenas dentro e com essa epistemologia da diferença sexual, mas, ouso dizer, foi fundamental na conquista e na fabricação das "psiques" feminina e masculina, assim como das tipologias heterossexuais e homossexuais que formam um dos principais eixos do regime patriarco-colonial. A epistemologia da diferença sexual não é externa à psicanálise: é a condição interna e imanente de toda a teoria psicanalítica da sexualidade. As noções psicanalíticas de organização da libido, atividade-passividade, inveja do pênis, complexo de castração, mulher fálica, amor genital, histeria, masoquismo, bissexualidade, androginia, fase fálica, complexo de Édipo, posição edípica, estado pré--genital e genital, perversão, coito, prazer preliminar, cena originária, homossexualidade, heterossexualidade — a lista é quase infinita — não têm significado fora de uma epistemologia da diferença sexual. Com a invenção de novas técnicas secularizadas e higienizadas de acesso ao corpo vivo (isto é, libertado dos rituais do toque e do sangue), a essa parte "invisível" e "intocável" do corpo vivo que a psicanálise chama de "inconsciente", "a cura pela palavra" realiza aquilo que nenhuma outra instituição do regime da diferença sexual havia conseguido fazer: elaborar uma linguagem sobre a sexualidade, inocular um sentimento de identidade sexual e de gênero normal ou patológico, oferecer uma explicação patriarcal e colonial aos sonhos, formar pouco a pouco um núcleo de identificação binária baseada na autoficção.

Peço, por favor, que não tentem negar a cumplicidade da psicanálise com a epistemologia da diferença sexual heteronormativa. Ofereço às senhoras e aos senhores a possibilidade de uma crítica epistemológica das suas teorias psicanalíticas, a oportunidade de uma terapia política das suas próprias práticas institucionais. Mas esse processo não pode ser feito sem uma análise exaustiva de seus pressupostos. Não os recalquem, não os neguem, não os reprimam, não os desloquem.

Não me digam que a diferença sexual não é crucial para explicar a estrutura do aparelho psíquico na psicanálise.

Todo o edifício freudiano está pensado a partir da posição da masculinidade patriarcal, do corpo masculino heterossexual compreendido como um corpo com um pênis ereto, penetrante e ejaculador; é por isso que as "mulheres" na psicanálise, esses estranhos animais (por vezes) equipados com úteros reprodutores e clitóris, são sempre e continuarão a ser um problema. É por isso que, em pleno 2019, as senhoras e os senhores ainda precisam de uma jornada especial para falar das "mulheres na psicanálise".

Não me digam que a instituição psicanalítica não considerou a homossexualidade um desvio em relação à norma: como explicar, de outro modo, que até muito pouco tempo atrás não houvesse psicanalistas que se identificassem publicamente como homossexuais? Pergunto: quantos se definem, hoje, aqui, nesta sala, publicamente, como psicanalistas e homossexuais?*

Vocês ficam em silêncio? Ninguém diz nada?

Pânico na sala. Terror epistêmico no divã.

Não quero forçar o desvelamento de posições subjetivas privadas, mas o reconhecimento de uma posição de enunciação política em um regime de poder heteropatriarcal colonial. Ao contrário do que pensa a psicanálise, não

---

* O silêncio da sala só é interrompido por um punhado de risos e vaias.

acredito que a heterossexualidade seja uma prática ou uma identidade sexual, mas, como Monique Wittig, um regime político que reduz a totalidade do corpo humano vivo e sua energia psíquica a seu potencial reprodutor, uma posição de poder discursiva e institucional. O psicanalista é epistemológica e politicamente um corpo binário e heterossexual... até que se prove o contrário.

Não peço aos psicanalistas homossexuais que saiam do armário. São os psicanalistas heterossexuais normativos que deveriam com urgência sair do armário da norma.

A psicanálise freudiana começou a funcionar no fim do século XIX como uma tecnologia de gestão do aparelho psíquico "fechado" na epistemologia patriarcal e colonial da diferença sexual. Freud é hoje reconhecido como um dos pensadores mais importantes da modernidade, à altura de Nietzsche ou de Marx. Mas suas elaborações discursivas, assim como as de Nietzsche e Marx, devem ser questionadas e criticadas à luz dos novos processos de emancipação política e de transformação tecno-científica. Acho que não estou revelando nenhum segredo quando afirmo que a psicanálise freudiana pôs no centro da narrativa clínica a normalização da feminilidade e da masculinidade heterossexuais, assim como o desejo e a autoridade do pai. É urgente fazer uma releitura feminista e queer do complexo de Édipo segundo Freud. Não posso fazer aqui uma hermenêutica de seus textos, mas posso dizer, muito rapidamente, que, ao atribuir a Édipo um suposto "desejo incestuoso", Freud e a psicanálise contribuíram para a estabilidade da dominação masculina, tornando a vítima responsável pela violação e transformando em lei psíquica os rituais sociais de normalização de gênero, violência sexual e abuso de crianças e mulheres que funda a cultura patriarco-colonial.

Não há nenhuma tentativa na psicanálise freudiana de superar a epistemologia heteronormativa, da diferença sexual, do gênero binário, senão a de inventar uma tecnologia, um conjunto de práticas discursivas e terapêuticas que permitam "normalizar" as posições de "homem" e "mulher" e suas identificações sexuais e coloniais dominantes e desviantes. Poderíamos dizer que o sujeito patriarco-colonial moderno usa a maior parte de sua energia psíquica para produzir uma identidade binária normativa: angústia, alucinação, melancolia, depressão, dissociação, opacidade e repetição são os custos psicológicos e sociais resultantes do duplo processo de extração da força de produção e da força de reprodução. A psicanálise não é uma crítica dessa epistemologia, mas a terapia necessária para que o sujeito patriarco-colonial continue a funcionar apesar dos enormes custos psíquicos e da indescritível violência desse regime.

Diante de uma psicanálise despolitizada, precisamos de uma clínica radicalmente política, que comece por um processo de despatriarcalização e de descolonização do corpo e do aparelho psíquico.

Não falo com animosidade. Eu mesmo fui psicanalisado durante dezessete anos por diferentes analistas, freudianos, kleinianos, lacanianos, guattarianos... Tudo isso que enuncio aqui, não digo como um "estranho", mas como um corpo da psicanálise, como um monstro do divã.

Em primeiro lugar, eu não seria capaz de qualificar essas múltiplas experiências analíticas com apenas um adjetivo, seja bom ou mau. O sucesso ou o fracasso de minhas sessões de análise dependeram em grande parte não da fidelidade dos analistas a Freud, Klein ou Lacan, mas, ao contrário, de sua infidelidade, ou, para dizer de outro modo, de sua criatividade, de sua capacidade de sair da "jaula". Ao longo de diferentes sessões, pude observar como meus analistas se esforçaram e lutaram contra o arcabouço teórico no qual foram formados a fim de poderem escutar uma pessoa "trans" não binária sem antecipar o diagnóstico, a crítica, a reforma ou a cura. Em alguns casos, minha cura dependeu precisamente da minha capacidade de fugir e escapar da norma da psicanálise, como quando abandonei uma sessão em que o analista tentou de todas as formas fazer com que eu me desvencilhasse do que ele via como "as múltiplas formas de fetichismo que ameaçavam a minha sexualidade feminina". Isso que ele via como desvios fetichistas constituía, para mim, experimentações fundamentais em direção a uma nova epistemologia do ser vivo sexual, para além da dicotomia homem-mulher, pênis-vagina, penetrador-penetrado. Em outros casos, pude fazer uma parte do caminho acompanhado de psicanalistas que eu qualificaria como dissidentes na prática, embora discretos e silenciosos na teoria. Quero pensar que a maioria dos psicanalistas aqui reunidos faz parte desse grupo. É às senhoras e aos senhores que me dirijo em primeiro lugar.

Ninguém precisa ser fiel aos erros do passado. Nem vocês, nem ninguém. Não denuncio aqui a misoginia de Freud, nem o racismo ou a transfobia de Lacan. O que denuncio é a fidelidade da psicanálise, desenvolvida ao longo do século xx, à epistemologia da diferença sexual e à razão colonial dominante no Ocidente. Não é um problema que se resolve com uma boa intenção individual, do mesmo modo que a boa intenção de Bartolomeu de las Casas não permitiu superar a epistemologia racista e as práticas políticas coloniais de exterminação das populações indígenas no continente americano. Mas as senhoras e os senhores têm uma responsabilidade coletiva.

Por fim, eu gostaria de dizer que o mal-estar que vocês sentem quando falo, a vontade irresistível de negar minhas palavras, a urgência de explicar o que digo pela minha aparente condição de "disfórico de gênero", faz parte da crise que suscita a controvérsia epistemológica que atravessa a psicanálise contemporânea. Essa crise é vital, é produtiva.

2.

A EPISTEMOLOGIA DA DIFERENÇA SEXUAL com a qual a psicanálise freudiana trabalhou de forma acrítica começa a entrar em crise depois da Segunda Guerra Mundial. A politização das subjetividades e corpos considerados abjetos ou monstruosos nessa epistemologia, a organização de movimentos de luta pela soberania reprodutiva e política dos corpos femininos e pela despatologização da homossexualidade, assim como a invenção de novas técnicas de representação e manipulação das estruturas bioquímicas do ser vivo (mapeamento cromossômico, diagnóstico pré-natal, administração de hormônios etc.) vão conduzir a uma situação sem precedente nos anos 1940.

O discurso médico e psiquiátrico parece ter cada vez mais dificuldades para lidar com o surgimento de corpos que não podem ser imediatamente identificados como do sexo feminino ou masculino. A partir de 1940, com as novas técnicas cromossômicas e endocrinológicas, além da medicalização da gestação, começam a aparecer cada vez mais bebês "intersexuais", antes chamados "hermafroditas". Diante desses recém-nascidos, a comunidade científica decide inventar uma nova taxonomia. O psiquiatra infantil John Money, trabalhando na Universidade John Hopkins, nos Estados Unidos, ao lado de Lawson Wilkins, fundador da endocrinologia pediátrica, deixa de lado a noção moderna de "sexo" como realidade anatômica e concebe a noção de "gênero" para se referir à possibilidade de produzir tecnicamente a diferença sexual. A noção moderna de transexualidade aparece igualmente entre 1947 e 1960.

Em 1966, o pediatra suíço Andrea Prader inventa e introduz na prática do diagnóstico de gênero o chamado "orquidômetro", ou "rosário endocrinológico": uma paleta de 25 bolas de diferentes tamanhos que servem, segundo ele, para medir o grau de virilização dos testículos de crianças pré-púberes. Paradoxalmente, sua crença na "normalidade" do binarismo e a obsessão pela taxonomia vão levá-lo a dar visibilidade a 25 diferentes tipos de morfologia testicular. Seu "orquidômetro" poderia ser uma prova da multiplicidade de variações morfológicas do corpo vivo... Mas, incapaz de superar a epistemologia da diferença sexual, Prader considera a maior parte dessas variações como "patológicas", e recomenda uma bateria de terapias que permitam a redesignação sexual. Pela primeira vez, os médicos e psiquiatras admitem com pavor a existência de uma multiplicidade de corpos e de morfologias genitais para além do binário. As controvérsias científicas, sociais e políticas se multiplicam. Mas, em vez de mudar a epistemologia, eles decidem modificar os corpos, normalizar as sexualidades, retificar as identificações.

Eu gostaria de compartilhar com vocês a hipótese segundo a qual toda a psicanálise lacaniana, que nasce precisamente após a década de 1940 — a releitura que Lacan faz de Freud, sua incursão pela linguística —, já é uma primeira resposta a essa crise epistemológica. Acho que é possível dizer que Lacan tenta, como John Money, desnaturalizar a diferença sexual, mas que, como Money, acaba produzindo um metassistema quase mais rígido do que as noções modernas de sexo e diferença anatômica. No caso de Money, esse metassistema introduz a gramática do gênero pensado como construção social e endocrinológica. Em Lacan, esse metassistema já não é mais anatômico; toma a forma do inconsciente estruturado como linguagem, da ordem simbólica e do "real"... Mas, como no caso de John Money, e mesmo sem estar reduzido à anatomia, trata-se de um sistema de diferenças que não escapam do binarismo sexual e da genealogia patriarcal da linguagem. Minha hipótese é que Lacan não consegue se desvencilhar do binarismo sexual por conta de sua própria posição no interior do patriarcado heterossexual como regime político. Sua desnaturalização estava conceitualmente em marcha, mas Lacan não estava politicamente pronto. A psicanálise, portanto, tanto freudiana quanto lacaniana, contribuiu amplamente para a normalização das crianças intersexo e para a patologização da transexualidade.

Logo, terminada essa breve digressão por Freud e Lacan, não pensem que é fácil para mim apresentar-me como "transexual" diante de uma assembleia de psicanalistas — não mais fácil, em todo caso, do que deve ter sido para Pedro Vermelho, o macaco salvo de um circo e tornado homem, por mais livre que fosse e mais distante que estivesse das correntes, falar diante de uma assembleia de cientistas, veterinários e adestradores, por mais gentis e reformistas que fossem, por mais pianos e flores que houvesse em cena. As práticas de observação, objetivação, punição, exclusão e morte utilizadas pela psicanálise e pela psiquiatria com dissidentes do regime da diferença sexual e do heteropatriarcado colonial, com indivíduos ainda considerados "homossexuais", com homens e mulheres que foram violados, com trabalhadores do sexo, com transexuais, com pessoas racializadas... são talvez menos espetaculares do que as do circo ou do zoológico, mas não menos eficazes. Não acho que a comparação seja excessiva, e não apenas porque como homossexuais, transexuais, trabalhadores do sexo, corpos racializados ou travestis também fomos alterizados e animalizados, mas porque o que a medicina, a psiquiatria e a psicanálise fizeram com as minorias sexuais ao longo dos dois últimos séculos foi um processo comparável a um extermínio institucional e político.

A maioria daqueles que se recusam a viver segundo as normas da diferença sexual patriarcal foram, por um lado, perseguidos pela polícia e pelo sistema judiciário como potenciais criminosos, e, por outro, patologizados pelo aparelho psicanalítico, encarcerados nas prisões psiquiátricas, violados para provar sua verdadeira "feminilidade" ou "masculinidade", submetidos a lobotomias, terapias hormonais, eletrochoques e supostas "curas analíticas". Em relação a nós, que somos os monstros da modernidade patriarco-colonial, a cura pela palavra e as terapias comportamentais ou farmacológicas não estavam em conflito aberto, mas trabalhavam de maneira complementar. Um processo de extermínio político das minorias dissidentes do regime da diferença sexual estava em marcha. Muitos de meus predecessores foram mortos e morrem ainda hoje assassinados, violados, espancados, encarcerados, medicalizados... ou viveram ou vivem sua diferença em segredo. Essa é a minha herança, e é com essa força que retiro do silêncio todas as vozes antes caladas, ainda que seja apenas em meu nome que me dirija hoje às senhoras e aos senhores.

O abuso terminológico que dará lugar à palavra "transexual", com a qual alguns me caracterizam hoje, começou no início dos anos 1950 com David Oliver Cauldwell, Harry Benjamin e Robert Stoller, no exato momento em que Lacan desenvolvia suas teorias psicanalíticas, mas o genocídio epistêmico e a perseguição epistêmica e psiquiátrica haviam começado muito antes, no final do século XIX, com a caracterização, por Westphal, de sujeitos que "sofriam" daquilo que ele chamava de "instinto sexual ao contrário". Para Westphal, não havia diferença entre o que chamamos hoje de "homossexualidade" e "transexualidade": o que contava era a diferença entre o desejo natural e o desejo contrário à natureza. O problema era a "inversão", a obstinação em "imitar" as práticas do "outro sexo". No século XIX, pensava-se que a homossexualidade era o efeito da "migração" de uma alma feminina para um corpo masculino ou vice-versa. E a migração traz sempre problemas, seja praticada entre corpos e almas ou entre Estados. Assim, e tomando como modelo a sexualidade reprodutiva heterossexual com penetração e inseminação bio-pênis/bio-vagina, a psicologia representava os homens homossexuais como machos efeminados, de sexualidade anal, passiva ou receptiva, enquanto as lésbicas eram imaginadas como fêmeas masculinas de sexualidade fálica ou ativa.

Antes mesmo que o termo "transexual" fosse inventado, o psicopatologista alemão Richard von Krafft-Ebing categorizou uma esfera de "inversão sexual" na qual aqueles que desejavam viver como eu vivo hoje eram considerados anormais: "hermafroditas psicossexuais" ou "paranoicos que sofrem de metamorfose sexual". A teoria da homossexualidade como inversão sexual será substituída no final dos anos 1940 por Alfred Kinsey, que, pela primeira vez, define a homossexualidade como relação sexual entre duas pessoas do mesmo sexo.

É quando a representação da homossexualidade e da heterossexualidade está prestes a mudar que Cauldwell usa o termo "psicopata transexual" para caracterizar um "indivíduo doente que decide viver e se apresentar como membro do sexo ao qual não pertence". Ainda que as primeiras cirurgias de "mudança de sexo" tenham sido realizadas já nos anos 1930, Cauldwell, que preconiza "modificar o espírito e não o corpo", se opõe a qualquer transformação corporal. Ao mesmo tempo, o psiquiatra infantil John Money considera os transexuais como "doentes da identidade de gênero", uma vez que "manifestam um desejo obstinado e irracional de viver como indivíduos do sexo oposto."

O abuso terminológico prossegue: em 1973, Norman Fisk introduz o termo "disforia de gênero", que será por fim estabelecido como uma caracterização patológica da transexualidade no Manual Diagnóstico e Estatístico de Transtornos Mentais (DSM). A passagem da psiquiatria tradicional ao DSM marca também a transição da linguagem da doença mental e da loucura para a dos "transtornos de comportamento", assim como o deslocamento gradual das técnicas de sequestro e vigilância externa para novas técnicas bioquímicas e farmacológicas de produção e controle da subjetividade. Obcecados pela gradação entre o normal e o patológico e pela diferença entre a realidade anatômica e a prática de gênero, Harry Benjamin, Robert Stoller e Norman Fisk lançaram as bases das taxonomias absurdas que ainda são utilizadas para nos caracterizar: a diferença entre o travestismo, considerado unicamente como o desejo de se fazer passar pelo outro sexo por meio das vestimentas, e a "verdadeira" transexualidade, a metamorfose corporal que implica, para Stoller, uma série de operações hormonais e cirúrgicas. Ainda em 1987, o sexólogo americano Ray Blanchard promove uma campanha "científica" para inscrever no DSM uma tipologia que permita distinguir múltiplos graus de patologia nas "travestis" e "mulheres transexuais". A controvertida teoria estabelece relações entre performance de gênero, desejos homossexuais e heterossexuais e transexualidade. Foi muito usada por vários terapeutas, e é conhecida como "taxonomia de Blanchard".

A ideia segundo a qual uma pessoa transexual deve ser heterossexual, assim como a insistente e grotesca pergunta — *trans operado? ou trans não operado?* — que alguns aqui devem se fazer ao me escutar, são resultado desse arcabouço psicopatológico.

Deixem-me tranquilizá-los quanto a essa dúvida: sim, fui operado; com muito cuidado, ao longo de extenuantes sessões políticas, práticas e teóricas, removi cirurgicamente o aparelho epistêmico que diagnostica meu corpo e minhas práticas como patológicas.

E vocês, caros psicanalistas, foram operados?

A crescente politização dos movimentos trans e intersexo a partir dos anos 1990, intensificada ao longo da última década, impulsionou um deslocamento da noção de "disforia de gênero" para a de "transtorno de identidade de gênero". As lutas pela despatologização continuam, mas o problema aqui não é apenas a despatologização da pretendida "identidade trans", mas toda uma epistemologia que precisa ser modificada.

A psicanálise não é, em relação a essa epistemologia, melhor que a pediatria ou que a psiquiatria farmacológica. As senhoras e os senhores se opuseram à medicalização da neurose e à transformação do paciente em consumidor de psicotrópicos nas novas terapias cognitivo-comportamentais (TCC), mas jamais se negaram o direito de intervir na normalização da homossexualidade e da transexualidade, nem de fazer a gestão psicanalítica do desvio de gênero e sexual.

Para Lacan, os transexuais são vítimas psicóticas de um erro: "eles confundem o órgão com o significante". É possível se desfazer do órgão, mas não do "significante" da sexuação, da ordem simbólica que divide todos os seres em masculinos e femininos, sustenta Lacan. Somos, os trans, doentes semióticos: não enxergamos a diferença entre uma castração simbólica e uma castração real, entre uma vagina e um simples buraco, entre um "falo" e um pedaço de carne qualquer. Mas a medicina diferencia uma vagina de um simples buraco, um falo de um pedaço de carne qualquer, quando designa um sexo a um bebê com base em uma ultrassonografia, ou no momento de seu nascimento? E se a epistemologia da diferença sexual for uma patologia do significante?

Em 1983, sob aclamações do jornal *Le Monde*, a psicanalista Catherine Millot publicou *Horsexe: Essai sur le transsexualisme*, no qual considera que todo processo de transição de gênero seria uma tentativa desesperada e psicótica de ultrapassar os limites da realidade e da diferença sexual. Ela descreve o corpo trans como horrível e grotesco, uma encarnação ridícula e monstruosa que só um doente mental pode preferir ao corpo "são" e "original". "O homem

que sonha ser uma mulher transexual deve ser confrontado", diz Millot, "com o drama da verdadeira castração."
E a castração não cessa de nos libertar. Mais recentemente, a psicanalista Colette Chiland afirmou a impossibilidade das pessoas transexuais de superar a verdade do binarismo sexual, o que as conduz, segundo ela, a "uma condição limite", a cair numa patologia próxima do "delírio narcísico". Encontramos argumentos similares nos trabalhos de Janine Chasseguet-Smirgel, segundo os quais a obsessão das pessoas transexuais em mudar a aparência do corpo resulta do fracasso em resolver o complexo de Édipo e da propensão perversa à regressão sexual rumo a um estado pré-genital. Ah... Édipo, sempre as costas largas de Édipo...

Para Lacan e seus seguidores, o binarismo sexual é um fato simbólico e uma estética do corpo tão evidente e inegável quanto o Sol girando em torno da Terra para Ptolomeu. É possível se desfazer do órgão, mas, para a psicanálise, não é possível se desfazer da epistemologia patriarco-colonial da diferença sexual. Para seguir a argumentação de Bruno Latour sobre a força dos paradigmas, poderíamos dizer que é mais difícil para um corpo de gênero não binário existir sobre o divã psicanalítico do que um hidroavião aterrissar em Orly ou um quantum "aterrissar" na física de Newton.

3.

MAS, A PARTIR DE 1950, com a crescente emancipação das mulheres heterossexuais, a despatologização da homossexualidade, a comercialização da pílula contraceptiva e a politização dos posicionamentos do gênero não binário, a epistemologia da diferença sexual entra em um processo de questionamento político inexorável. A contestação política é redobrada por uma controvérsia científica gerada pelos novos "dados" cromossômicos ou bioquímicos resultantes de novas técnicas de mapeamento dos cromossomos e do genoma, ou de diagnóstico endocrinológico.

Em 1993, um grupo de pacientes cria a Sociedade Intersexo da América do Norte para dar visibilidade à sua luta contra a medicalização e a modificação cirúrgica de seus corpos sem consentimento. No mesmo ano, a bióloga e historiadora das ciências Anne Fausto-Sterling publica um artigo muito debatido, no qual defende a passagem de uma epistemologia binária a uma epistemologia de ao menos cinco sexos, a fim de respeitar a integridade dos corpos e abrigar todas as suas variações morfológicas e genéticas. Nos anos seguintes, os movimentos trans começam a reivindicar a despatologização da transexualidade e a exigir a liberdade para escolher se um processo de transição de gênero deve implicar uma modificação hormonal e cirúrgica ou somente uma mudança de nome.

A partir de 2010, a Organização Mundial da Saúde (OMS), que não pode ser acusada de cumplicidade com as hipóteses feministas radicais ou com a teoria queer, matiza suas posições sobre a existência de uma variação na realidade morfológica, anatômica e cromossômica dos corpos humanos que vai além do binarismo sexual e de gênero.

A OMS, e não uma associação trans-gay-lésbica-anarcofeminista, afirma hoje que "o gênero tipicamente descrito como masculino e feminino é uma construção social que varia segundo as culturas e as épocas". E reconhece que houve e ainda há culturas (em Samoa, no Pacífico, entre os povos originários da América, entre os tailandeses tradicionais) que utilizam taxonomias sexuais e de gênero não binárias, mais fluidas e mais complexas do que a taxonomia ocidental moderna universalizada a partir dos anos 1970. Ao aceitar a viabilidade não patológica das encarnações corporais e das expressões sociais de gênero e da sexualidade, a OMS reconhece a dimensão arbitrária e inatural da taxonomia binária com a qual as instituições sociais e políticas trabalham no Ocidente e abre a porta não apenas para uma reformulação local desses termos, mas também para uma revisão mais profunda do paradigma da diferença sexual.

Hoje, sabemos que cerca de um a cada mil, mil e quinhentos recém-nascidos (isto é, seis bebês por dia nos Estados Unidos) é identificado como "intersexo", não podendo ser reconhecido no gênero binário. Ao longo dos vinte últimos anos, as crianças que foram operadas ou medicalizadas como "intersexo" se organizaram para reivindicar o fim das mutilações genitais e dos processos de redesignação forçada. Ao mesmo tempo, cada vez mais pessoas começaram a se identificar como "não binárias". Há alguns meses, a eminente filósofa Judith Butler se inscreveu no registro civil do estado da Califórnia como pessoa de gênero não binário. Diferentes estados nos EUA, mas também na Argentina e na Austrália, reconhecem o gênero não binário como uma possibilidade política. A Alemanha acaba de reconhecer um terceiro sexo (O) como possibilidade de designação sexual.

Ao mesmo tempo, uma nova diferenciação se estabeleceu entre as pessoas "cis" (aquelas que se identificam com o sexo que lhes foi atribuído no nascimento) e as pessoas "trans" (aquelas que não se identificam com essa atribuição e adotam práticas de transição, identificando-se seja como trans, seja como pessoas não binárias).

A transição de gênero e a afirmação de um gênero não binário põem em crise não apenas as noções normativas de masculinidade e de feminilidade, mas também as categorias de heterossexualidade e homossexualidade com as quais a psicanálise e a psicologia normativa trabalham. Quando se rejeita o diagnóstico de disforia de gênero, quando se afirma a possibilidade de vida social e sexual fora do binarismo da diferença sexual, as identificações de homossexualidade e heterossexualidade, de ativo e passivo sexual, de penetrador e penetrado, tornam-se também obsoletas.

Por outro lado, a definição de heterossexualidade como única sexualidade reprodutiva normal e as caracterizações patriarcais de paternidade e biopolíticas de maternidade parecem anacrônicas diante de uma multiplicidade de técnicas de gestão da reprodução e de procriação assistida: pílula contraceptiva, pílula do dia seguinte, paternidade trans, PMA (procriação medicamente assistida), maternidade por substituição, externalização de útero etc.

Não sei com que entusiasmo, com que urgência lhes comunicar que vivemos um momento de importância histórica sem precedente: a epistemologia da diferença sexual está em mutação.

Nos próximos anos, deveremos elaborar coletivamente uma epistemologia capaz de dar conta da multiplicidade radical dos seres vivos, que não reduza o corpo à sua força reprodutiva heterossexual, que não legitime a violência heteropatriarcal e colonial. Vocês são livres para acreditar ou não em mim, mas creiam ao menos nisso: a vida é mutação e multiplicidade. Isso é muito sério e muito importante. Vocês devem compreender que os futuros monstros são também seus filhos e netos.

Assistimos a um processo de transformação na ordem da anatomia política e sexual comparável à que conduziu da epistemologia de Ptolomeu à epistemologia heliocêntrica copernicana. Ou à transição do regime monossexual à anatomia da diferença sexual entre 1600 e 1800. Ou àquela introduzida pela física quântica e a relatividade em relação à física newtoniana no início do século XX.

Os processos que conduzem a uma mudança epistemológica implicam profundas modificações tecnológicas, sociais, visuais e sensoriais. Assim, por exemplo, as mudanças de um regime geocêntrico e da física aristotélica para um regime heliocêntrico e a física newtoniana implicaram igualmente a invenção da imprensa e da máquina a vapor. A impressão precipitou a passagem de uma cultura oral a uma cultura da escrita e da leitura, bem como a secularização progressiva dos textos bíblicos, e acelerou os processos de expansão e expropriação colonial da Europa na América. O desenvolvimento da ciência moderna, a institucionalização normalizada da família heterossexual e a extensão de uma economia global de mercado se fizeram acompanhar de uma biopolítica da população nacional, com as práticas de segmentação de classes, de hierarquização sexual, de segregação racial e de limpeza étnica.

Estamos hoje prestes a abandonar esse regime de capitalismo mundial integrado, para usar a terminologia de Félix Guattari. Se as mudanças econômicas, políticas e tecnológicas que conduziram ao regime da diferença sexual e ao capitalismo colonial levaram três séculos para ser produzidas, a rapidez das mudanças técnicas e a urgência das decisões políticas concernentes à destruição do ecossistema e à sexta extinção nos colocam em uma modalidade de mudança ainda mais rápida, talvez iminente. Internet, física quântica, biotecnologia, robotização do trabalho, inteligência artificial, engenharia genética, novas tecnologias de reprodução assistida e viagem extraterrestre precipitam igualmente as transformações sem precedentes em direção a outras modalidades de existência entre o organismo e a máquina, o vivo e o não vivo, o humano e o não humano, enquanto novas hierarquias no domínio político aparecem e desaparecem. O que se exibe hoje no domínio das técnicas de reprodução da vida, assim como a produção coletiva da subjetividade sexual e de gênero, é uma agitação comparável à do início do século passado em relação à mecânica quântica e às teorias da relatividade na física.

Diante dessa crise epistêmica, proliferam os processos de renaturalização política, regressão discursiva e suspensão cognitiva. Como ensinou Kuhn, enquanto um paradigma científico não é substituído por outro, os problemas não resolvidos se acumulam e não dão lugar, paradoxalmente, a um colocar em questão, ou a um processo de crítica lúcida, mas antes a uma "fixidez" e a uma "afirmação hiperbólica" temporária das hipóteses teóricas do paradigma em crise. Talvez seja mesmo possível explicar o atual processo hiperbólico de pôr em cena as ideologias patriarco-coloniais e seus aparelhos de poder populistas e neonacionalistas como um processo de reafirmação do antigo paradigma, de negação da crise epistemológica e de resistência diante da mutação.

Os novos totalitarismos da diferença sexual podem retardar, mas não poderão impedir o afundamento epistêmico. Essa mudança de paradigma poderia marcar a passagem da "diferença sexual" (uma oposição binária, quer seja pensada como dialética ou como complementar, como dualidade ou como dual) a um número interminável de diferenças, de corpos e de desejos não identificados e não identificáveis. Não faço aqui um apelo à neutralização das diferenças, ao retorno a um monismo pré-moderno, feminino, masculino ou neutro, nem a uma sexualidade homogênea e unitária, nem uma simples inversão das hierarquias. Falo antes de uma proliferação de práticas e de formas de vida, de uma multiplicação de desejos capazes de se deslocar para além do prazer genital.

Quando falo de uma nova epistemologia, não me refiro unicamente à transformação das práticas tecno-científicas, mas também a um processo de ampliação radical do horizonte democrático para reconhecer como sujeito político todo corpo vivo sem que a designação sexual ou de gênero seja a condição de possibilidade desse reconhecimento social e político. A violência epistêmica do paradigma da diferença sexual e do regime patriarco-colonial está sendo posta em questão pelos movimentos feministas, antirracistas, intersexo, trans e *handi-queer*,* que reivindicam um reconhecimento como corpos vivos, plenos de direito, daqueles, daquelas e *daquelus* que haviam sido marcados como politicamente subalternos.

Nesse contexto de transição epistêmica, honoráveis membros da Escola da Causa Freudiana, vocês têm uma enorme responsabilidade. Cabe às senhoras e aos senhores decidir se querem permanecer ao lado dos discursos patriarcais e coloniais e reafirmar a universalidade da diferença sexual e da reprodução heterossexual ou entrar conosco,

---

* Referência aos movimentos que interseccionalizam as discriminações a pessoas queer e portadoras de deficiências. (N. T.)

os mutantes e os monstros deste mundo, em um processo de crítica e de invenção de uma nova epistemologia que permita a redistribuição da soberania e o reconhecimento de outras formas de subjetividade política.

As senhoras e os senhores já não podem mais recorrer aos textos de Freud ou de Lacan como se eles tivessem um valor universal, não situado historicamente, como se não tivessem sido escritos no interior dessa epistemologia da diferença sexual. Fazer de Freud e de Lacan uma lei é tão absurdo quanto seria pedir a Galileu para retornar aos textos de Ptolomeu, ou a Einstein para renunciar à relatividade e continuar a pensar com a física de Newton e de Aristóteles.

Hoje, os corpos outrora monstruosos produzidos pelo regime patriarco-colonial da diferença sexual falam e produzem saber sobre si mesmos. Os movimentos queer, transfeministas, #MeToo, Ni una menos, Handi, Black Lives Matter, indígenas operam deslocamentos decisivos. Vocês não podem mais continuar a falar de complexo de Édipo ou de nome do pai em uma sociedade que pela primeira vez na história reconhece seu funcionamento feminicida, onde as vítimas da violência patriarcal se expressam para denunciar pais, maridos, chefes, melhores amigos; onde mulheres denunciam a política institucionalizada do estupro, onde milhares de corpos ocupam as ruas para denunciar as agressões homofóbicas e as mortes quase cotidianas de mulheres trans, assim como as formas institucionais de racismo. As senhoras e os senhores não podem mais continuar a afirmar a universalidade da diferença sexual e a estabilidade das identificações heterossexuais e homossexuais em uma sociedade na qual mudar de gênero ou se identificar como uma pessoa de gênero não binário é uma possibilidade legal, em uma sociedade na qual já há milhares de crianças nascidas em famílias não heterossexuais e não binárias. Continuar a praticar a psicanálise a partir da noção de diferença sexual, e usando instrumentos clínicos como o complexo de Édipo, é hoje tão aberrante como pretender continuar a navegar no universo com uma carta geocêntrica ptolomaica, negar as mudanças climáticas ou afirmar que a terra é plana.

Rejeitamos não apenas as práticas sexuais e patriarcais de parentalidade e de socialização heterocêntricas e binárias. Recusamos a epistemologia de vocês e devemos fazê-lo de maneira violenta. Nossa posição é a de insubmissão epistemológica.

Hoje, para a psicanálise, é mais importante escutar as vozes dos corpos excluídos pelo regime patriarco-colonial do que reler Freud e Lacan. Não procurem mais refúgio nos pais da psicanálise. A obrigação política das senhoras e dos senhores é cuidar das crianças, não legitimar a violência do regime patriarco-colonial. É hora de sair dos divãs para as praças e de coletivizar a palavra, politizar os corpos, desbinarizar a sexualidade e descolonizar o inconsciente.

Libertem Édipo, juntem-se aos monstros, não escondam a violência patriarcal por trás de desejos ditos incestuosos das crianças, e ponham no centro da prática clínica os corpos e a palavra daqueles, daquelas e *daquelus* que sobreviveram à violação e à violência patriarcal, daqueles, daquelas e *daquelus* que já vivem para além da família patriarcal nuclear, para além da heterossexualidade e da diferença sexual, daqueles, daquelas e *daquelus* que procuram e fabricam uma saída.

Em breve, é possível que tenhamos de confrontar uma nova aliança necropolítica entre o patriarcado colonial e novas tecnologias fármaco-pornográficas. Não há dúvida de que já estamos confrontando a farmacologização crescente das assim chamadas "patologias psiquiátricas", a mercantilização das indústrias do cuidado, a informatização eletrônica do cérebro, assim como a robotização semiótica-informática das técnicas de produção de subjetividade via Facebook, Instagram, Tinder etc. Mas os perigos e os excessos dessa proliferação de novas técnicas de controle e de produção de segmentações do humano não podem constituir uma desculpa para impedir a psicanálise de questionar suas próprias categorias.

Meu objetivo não é a derrota da psicanálise e a vitória da neurociência, muito menos da farmacologia. Minha missão é a vingança do "objeto" psicanalítico e psiquiátrico (em partes iguais) sobre os dispositivos institucionais, clínicos e micropolíticos que mantêm a violência das normas de gênero, sexuais e raciais. Precisamos de uma transição da clínica. Isso só pode ser feito através de uma mutação revolucionária da psicanálise e uma contestação crítica de seus pressupostos patriarcais-coloniais. Uma transição na prática clínica implica uma mudança de posição: o objeto de estudo se torna sujeito, e aquele que até o presente é o sujeito aceita se submeter a um processo de estudo, questionamento e experimentação. Aceita mudar. Desaparece a dualidade sujeito/objeto (tanto no plano clínico quanto epistemológico), e em seu lugar surge uma nova relação que conduz conjuntamente a mudar e a tornar-se outro. É uma questão de potência e de mutação, e não de poder e de conhecimento. Trata-se de aprender juntos a curar nossas feridas, de abandonar as técnicas da violência e a inventar uma nova política de reprodução da vida em escala planetária.

A psicanálise está diante de uma escolha histórica sem precedente: ou continua a trabalhar com a antiga epistemologia da diferença sexual e a legitimar o regime patriarco--colonial que a sustenta, tornando-se assim responsável pelas violências que produz, ou então se abre a um processo de crítica política de seus discursos e práticas.

Essa segunda opção implica começar um processo de despatriarcalização, deseterossexualização e descolonização da psicanálise — como discurso, narrativa, instituição e prática clínica. A psicanálise precisa entrar em um processo crítico de retroalimentação com as tradições de resistência política transfeministas se quiser deixar de ser uma tecnologia de normalização heteropatriarcal e de legitimação da violência necropolítica para se tornar uma tecnologia de invenção de subjetividades dissidentes diante da norma.

Eu me apresento hoje a vocês não para fazer acusações, mas para denunciar a violência epistemológica da diferença sexual e buscar um novo paradigma.

Psicanalistas pela transição, uni-vos. Construamos juntos uma saída!

Ao contrário do que os mais conservadores entre as senhoras e os senhores poderiam imaginar, aqueles que temem que uma psicanálise desprovida da epistemologia da diferença sexual acabe sendo desfigurada, digo apenas que somente essa transformação pode fazer a psicanálise sobreviver.

Digo isso a partir da minha posição de homem trans, de corpo não binário que se transformou para poder sair de sua antiga "jaula" e sobreviver inventando, dia após dia, e de modo precário, outras práticas de liberdade. Se contemplo minha evolução e seu resultado atual, não estou nem pleno nem satisfeito. Há muito a fazer.

Apelo ardentemente a uma transformação da psicanálise, à emergência de uma psicanálise mutante, à altura da mudança de paradigma que vivemos. Talvez apenas esse processo de transformação, por mais terrível e desmantelador que possa parecer, mereça hoje ser chamado psicanálise.

1ª EDIÇÃO [2022] 4 reimpressões

ESTA OBRA FOI COMPOSTA POR MARI TABOADA EM DANTE PRO E IMPRESSA EM OFSETE PELA GRÁFICA PAYM SOBRE PAPEL PÓLEN BOLD DA SUZANO S.A. PARA A EDITORA SCHWARCZ EM NOVEMBRO DE 2024

A marca FSC® é a garantia de que a madeira utilizada na fabricação do papel deste livro provém de florestas que foram gerenciadas de maneira ambientalmente correta, socialmente justa e economicamente viável, além de outras fontes de origem controlada.